超初心者の "庭作り" イラストエッセイ

園芸はじめました

あらいのりこ

主婦の友社

まえがき

はじめまして、イラストレーターのあらいのりこです。
花は好きだけどいただくだけ、植物はどっちかというと枯らすほう。
そんな私がはじめて木や草花を育てるということに向き合いました。
土作りから水やり、鉢選び、虫との戦い……。
わからないことだらけの草花の生長を日々つけていた
「ガーデン日誌」をこのたび書籍にしていただくことになりました。
園芸初心者のありのままの姿です。楽しく読んでいただいて、
みなさんが気軽に植物を育てるきっかけになったらいいな、と思います。

もくじ

第2章

大福ガーデンの成長期

第1章

大福ガーデンの黎明期

第 3 章

大福ガーデンの半成熟期

天使ちゃん

デビルちゃん

のりちゃん

庭のある家への引っ
越しを機に庭作りを
はじめた、ちょっとおと
ぼけな主人公。本業
はイラストレーター。

大福
のりちゃんの愛犬

やっちゃん

のりちゃんの相方。
実家の家庭菜園や
花壇を見て育つ。

大福ガーデンの
黎 明 期

庭作りの出発点

2015年 春

私たちは
小さな庭のある
昭和レトロ漂う
すてきな家に
引っ越してきました

私たち
というのは

イラストレーターの
あらいのりこです

それから犬の
大福（女の子）と

相方の
やっちゃんです

庭はレンガ風の
タイルが敷いて
あって大福も
遊べるし

朝はテラスで
コーヒータイム

いい
環境だ

心穏やかに暮らしていた
ある日……

今日も天気だ
コーヒーが
うまい

ねぇ
ねぇ

すてきな庭が
あるんだから
花とか育てて
みたらどう？

花？

古いけど清潔感があるよ

そもそもの話

引っ越してきた家の庭は、タイルが敷き詰められ、テラスのようになっていました。
南向きで日当たりはいいし、広さもそこそこ（15㎡くらい）。
テーブルとベンチを置けば外でお茶もできるし、大福も遊べる！
そして、テラスの周囲にはすでに木や植物がいろいろと植えられていました。
（あとから知ったけど、それらはナンテン、サルスベリ、
アジサイ、ドウダンツツジなど。）

家を借りる際、
庭に関して大家さんから言われたのは、
「植えられている木の管理をしてほしい」、
「新しく木を植えなければ、
庭は好きなようにしていい」、これだけ。
もう緑はたくさんあるし、何もしなくても
庭のある生活ができるなんて超ラッキー！

庭木の管理をすればいいだけ

そのままでよかった はずなのに…

すでに完成している庭！

キッチリ

キッチリ

すてきな庭を
眺めて
仕事に励もう

そういうわけで、当時の私は、自分が庭で
植物を育てるなどとは夢にも思っていませんでした。
大家さんに頼まれたことだけやって、
自分でなにか手を加えようなどとは
考えもしなかったのです。
だってもう庭は完成しているし（そう思っていた）、
その状態の庭でも十分満足していたので。

ところが、この家に引っ越してから2カ月ほどたち、
ようやく暮らしも落ち着いてきたころ。やっちゃんが

2カ月後

「庭に植物を植えたら?」と

言い出したのです。

もったい
ないなー

せっかく
庭があるのに
何もやらない
なんて

え?!

その気になって 庭作りをすることに

確かに、自分の庭で季節ごとに
花が咲いたり、育てた野菜を収穫できたら
すてきかもー！　なんて思ったとたんに、
急に妄想の庭が頭の中に浮かんできて……。
「大福ガーデン」の
庭作りがスタートしたのです。

食費が浮くなら
野菜とか
育ててもいいよ

そしたら♡

東京近郊でも
野菜と花を育て
虫たちと共存する庭作り！
みたいな
あれでしょ♡
テレビで見たことある！

また
のりこさんの
妄想が…

011

タイルをはがしたミニ花壇

引っ越してきた当初から庭に敷き詰められていた一面のタイル。
モルタルなどで固められているわけでもないから、はがすのも簡単。
タイルの下の地面は土だし、ここに花を植えれば即席花壇ができちゃうでしょ！
そんな安易な思いつきで、ミニ花壇作りがスタートしました。

「花を植えればそこが花壇になる…？」

タイルの下の土に、
「花壇といえば
チューリップでしょ！」と、
球根を埋め込んで、
あっという間に
ミニ花壇作りは終了。

私のミニ花壇作りを見ていた
やっちゃんが、聞いたこともないワードを
次々と繰り出してきたけど、
さっぱりわからないのでスルー。
きちんと土に植えたんだから、
球根が育たないわけないしね。

「安易なミニ花壇の末路」

ところが！
タイルをはずして
掘って作っただけの
花壇は長雨のとき
雨水を吸ってしまい
土がどんどん
くぼんでいった

ただ土に花を植えるだけでは
花壇にはならないらしい…

土があるところに花を植えれば
花壇になると思っていたけれど、
どうやら
根本的に違うみたい……。

何も知らなすぎることを痛感し、
一から勉強を始めることとなりました。

「 本を見て知ったいろいろな花壇 」

もうせん
毛氈花壇

カーペットのような花壇。
同時期に開花する
数種類の植物または
同じ植物の色違いを使って
幾何学模様を描くように
植えつけられる。

ボーダー 花壇

道路や建物、塀などに
沿った帯状の細長い花壇。
手前から奥にだんだん
背の高い花を植える。

寄せ植え花壇

中央に背の高い植物を
植え、外側にいくに
従って低くなるように
草花を植える。

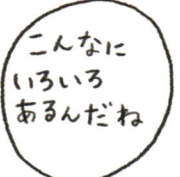

「失敗をへて振り出しに戻る」

庭の まん中に 穴を 掘った だけじゃ
花壇とは 言えないのねー♪

ミニ花壇作りに惨敗し、
みごとなまでにスタート地点に舞い戻った私。
花壇作り以前に、庭を作るにはきちんと下調べをして、
ひとつずつ計画的に進まなければいけないのですね。
これから少しずつ勉強していこうと心に決めたのでした。

では! 花壇の
イメージ づくりのために
公園に行ってきます

OK!

ちゃんと 花壇が
どうできてるか
見てきてよーっ!

サンポだ
サンポだ♥

それからは
大きな公園や
庭見本のある園芸店は、
犬の散歩をしながら
よーく花壇観察
しましたよ 🌷

初心者
ガーデナーの
" あるある "
①

わ！これ実がなってる!!

ナンテンでしょ

そもそも庭の木の名前すら知らない……

庭全体が見えていない私

一カ所集中

キレイキレイ

アスチルベが
生えてきた♬
と喜んで育てたら
センダン
という木だった◊
巨木になるので
撤去……

ガックシ

庭の奥に、茂りすぎて入れない
ゾーンがあって、決死の思いで
かき分けて行ったら

おっかない灯籠が出てきた

ヒョエーイ

なるほど、土というのは「作らなければいけないもの」らしい。

大福ガーデンにも土はあるけれど、花をいっぱい咲かせられるような土ではないのかも……。そこでまず庭の土の現状を調べることにしました。

「 土を掘りおこす 」

植物を育てるには
まず土が重要みたい

ひとまず庭の1コーナーを 掘りおこして みた。

そんなに掘るの…?

トリャ!

50cm以上
掘削!!

土の中からは、それはそれは
大量の 建築資材 や 木片、
家庭 ゴミ などが出てきました。

こんなの
出てきたよ

巨大な木の根っことか…

うーん…

やせた土地をフカフカにする

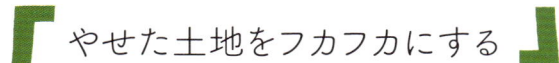

さすがに こんな
カチコチの土地では
根も張れないわ…

出てきたゴミをとり除いてから
近所のホームセンターで買ってきた
腐葉土を
まいてみました。

スコップで
よーく
混ぜ込んでね

出た…
くどせっかい
しょーせっかい

まっ白い

灰になるぜ

あ、それから 消石灰か
苦土石灰をまくといいらしいよ

「なんちゃら石灰」がやたら出てくるのでググッてみたところ、石灰は「土の酸度調整」に必要らしい。日本の土は酸性に傾きがちだから、中和のために石灰をまくんだって。

ちなみに消石灰も苦土石灰も酸度の中和には効果的だけど、苦土石灰はマグネシウムを含むとのこと。マグネシウムは植物の葉の葉緑素を作る働きがあるそうだから、植物を育てたいときは土に苦土石灰をまくといいんだね。

「もっとフカフカの土にする」

のりこ的には

大満足も…

た、堆肥（たいひ）って。また知らないワードが……。
「肥」がつくから肥料かと思いきや、
いわゆる栄養を補うための肥料ではない。
土壌改良材とでもいえばいいのかな？

「堆肥は微生物の力で有機物を分解、
発酵させたもの」らしいのだけど、
落ち葉や樹皮から家畜のふんまで、
主成分はいろいろあるよう。

確かにホームセンターの土売り場に行くと、
「バーク堆肥」「牛ふん」「鶏ふん」
あたりは必ずある。土をフカフカにするには
不可欠ってことか！

大福ガーデンで使った土壌改良材

それから・・・　もう少し土のことを勉強して、
大福ガーデンに施すようになった資材です。

カンタン 混ぜるだけ！

これをまず大量投入。

古くなった土の再生材

ニオイが少ない！

パーライト

特に水はけの悪い場所に。
挿し木にも使える。

サラブレッド
お馬のたい肥

たまたま近所のホーム
センターで安かった。

コウモリのふん！

有機リン酸
バットグアノ入リ
特別な堆肥

古い土もよみがえる
天然有機リン酸カルシウム。

園芸用
ソフトシリカ
（ナチュラル）20kg
Soft Silica

大福ガーデンでは
苗の植えつけや植えかえに
必ず使うのが
珪酸塩白土です。
酸度調整、根腐れ防止、肥料効率アップ！

のりニ
Point

「とりあえず好きな苗を買っちゃう派」

土もフカフカになった大福ガーデン。
もともと植えられていた木の下あたりは
スペースも空いている。
とりあえず何か植えてみようと思いたち、
さっそくホームセンターの苗売り場へ！
自分の好きな花だけ
片っぱしから買い込みました。

その花苗を庭に植え込んでみると…
イメージとはほど遠い花壇の様子に
がく然。

なにがいけないのか…
途方に暮れたのでした。

ホームセンターや園芸店には
かわいい花がいっぱいあって、
わからない！

よりどりみどりで
どれを選んでいいのか

どの花を買えばいいの？

迷宮に入りかけた私に、やっちゃんの助言が……

花の見た目やイメージだけで苗を選んでいた私。それぞれの特徴は調べようともしていませんでした。苗売り場にあるたくさんの苗も、それぞれ性質があり、それを見きわめて苗を選ばなくてはいけなかったのです。

植物のそれぞれの特徴を知るには？

花のこと知らなすぎた〜

その失敗体験があってから、
苗を買う前には必ず下調べをするようになりました。
好きな花のことだけではなくて、そうでない花のことも。
植物の名前もたくさん覚えられました。

私の大事な情報源「ラベル」

売っている苗のビニールポットに
ついているラベルには、その植物の
特徴や育て方が書いてあります。
くわしく書いてあるものからかなり
ざっくりしたものまでさまざまです。

苗についているコレです

- 原産地
- 形態
- 開花期
- 日当たり
- 水やり
- 耐寒性
- 耐暑性
- 草丈 など

「ラベル」のない植物は店員さんに植物名を聞いて図鑑で調査

花は5月に咲く

植えかえは暖かくなってから…

はい

スミマセーン
この花 ラベルが
ないんですけど

*ホームセンターでは花の育て方にくわしく
ない店員さんもいるので、思ったような回答
が得られない場合があります

再び苗売り場へGO!

しっかりと事前調査をして、植物の**知識**を頭に**インプット**。あらためて大福ガーデンに植える苗を買いに行きました。するとすると……

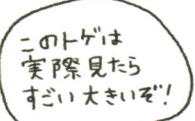

前回とは違う植物の見え方ができて、それぞれの特徴がよくわかるように。想像していたより葉が大きいなとか、こんな花色もあるんだな、なんていう発見もたくさんありました。

大福ガーデンに買って帰った花苗

売り場でいろいろな苗を見たときは目移りしたけれど、

グッとこらえて 大福ガーデンを庭らしくすることを優先。

そして **買ってきた**のが、これらです。

ビオラ各種

丈夫で育てやすいのを重視したよ

ユリオプスデージー

黒葉スミレ

ノースポール

こっちは好みで買っちゃった子

テヘヘ

ルピナス

リナリア

初心者
ガーデナーの
" あるある "
❷

オサレ♡

大福と花を
撮影するために
絵になる
敷きタイルを
買った♡

鉢の用途が ワカラナイ ……

正直
どれでも
イイ

○○○

フッ

大事に大事にしてるのに
枯れる

しな〜っ

水たくさん
あげて
たのに……

とくに愛情を
かけてない花は
巨大化する

大きく
なられて
……

デカッ

「水やりじゃなくて 水まきだった？」

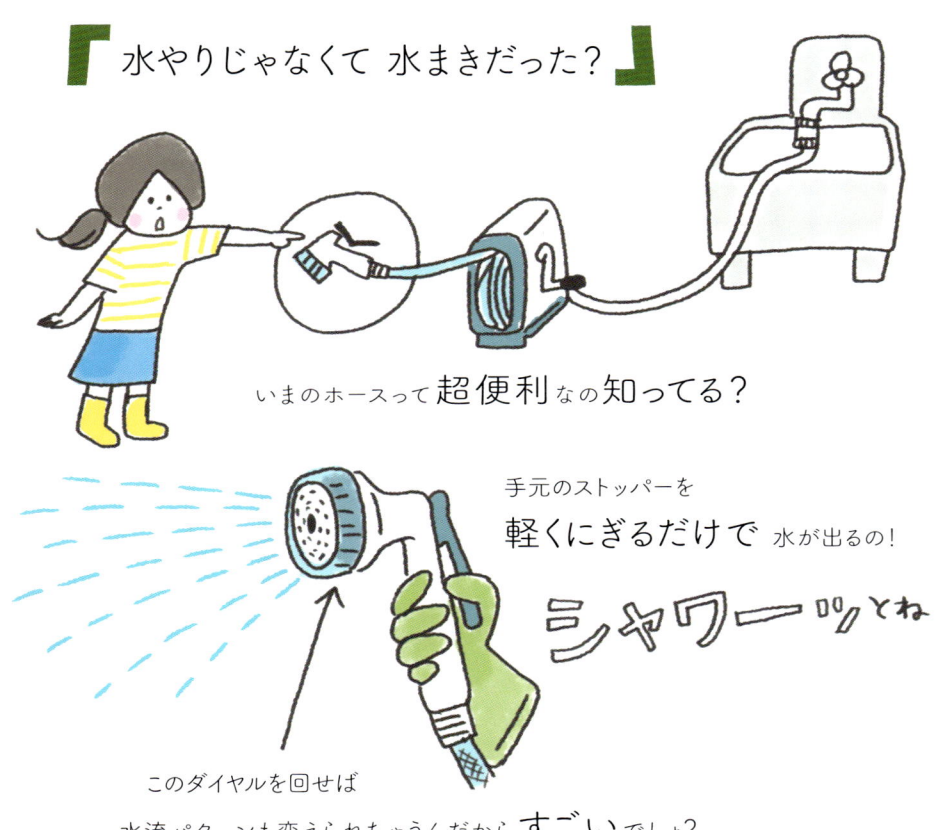

いまのホースって **超便利**なの知ってる？

手元のストッパーを
軽くにぎるだけで 水が出るの！

シャワーッとね

このダイヤルを回せば
水流パターンも変えられちゃうんだから**すごい**でしょ？

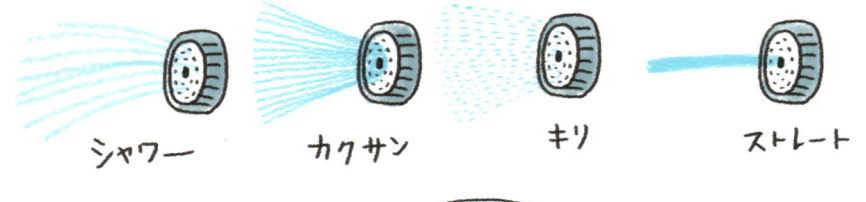

シャワー　　カクサン　　キリ　　ストレート

こんな便利な道具があるんだし、
特に夏なんてまめに
水をあげなきゃいけないし。
手っとり早く水やりが終わる
ホース、やっぱり最高〜！

いくら庭が小さいからってジョウロなんて使ってられないよ

植物は水をどこから飲む？

さて問題です！

植物が水をほしがっているのはどこでしょう？

① 花

② 葉

③ 根

③番の根っこでーす

③

ということは…？

NG ヤメテーッ とりゃーっ

GOOD オイシイ！アリガトウ♡ どうぞ

「水やり3年と言うらしい」

……という初歩的なことを学習し、
大福ガーデンでは**ジョウロ**を使うことに。
水を入れても、私でも持てる重さの
6ℓのトタン製のジョウロです。

株元に
水をあげて

では さっそく
水やり開始！

水が底から
抜けるのを
確認

せっかく
あげたのに
下から出たら
もったいなくない？

とんでもない！　水の量が少ないと、鉢の底のほうにある根まで
水が行き渡らないから。水をたっぷりあげることで、
鉢の中が新しい空気と入れかわる効果もあるんだって。

それと この部分「ウオータースペース」がとても大事。

水は一度ここにたまってから
ゆっくり土にしみ込んで
いくでしょ？

ふーん

鉢いっぱいまで土を
入れて植えつけたら
水があふれちゃう
ってこと？

ウオータースペース

水をあげても、なかなか水が土にしみ込んでいかないときは、
鉢が根っこでいっぱいになっているのかもしれないそうです。

「水やりは奥が深い！」

みんな 水が ほしいのかい？！

なんと ここでも **重要、原産地。**

たとえば、ラベンダーは地中海地方原産。冷涼で乾燥した土地を好みます。水をジャブジャブ与えすぎる必要なし。

同じハーブ類でもバジルは熱帯アジア、アフリカ、太平洋諸島などが原産。温暖で湿度のある土地を好むので水切れしないよう注意が必要。

バジル　　　　ラベンダー

冬の水やり　　夏の水やり

同じ植物でも、季節や環境によって水のあげ方をコントロール。夏は毎日〜1日数度、冬なら数日に一度でも。

半日陰の棚

花壇

日当たりのよいタイル

のりこPOINT

お気に入りの植物は水やりの失敗、根ぐされなどで突然枯れるとショックなので3カ所くらいに植えつけて置き場所も変えておきます。

大福ガーデンの水やり事情

雨フレー！
雨フレー！

大福地方は晴れが多い。

そして風も強く吹き乾燥ぎみのところです。

天気予報が 雨 でも

どーゆうわけか カラリ と晴れます。

やっぱし
だめかぃ…

SUN
SUN

庭だけで6ℓのジョウロ12杯くらい。

外まわりに4杯くらい。水道代がバカにならない。

ビンボーガーデナーの悩み。

タプン　　タプン

わが家はもちろん 風呂水 ですよ。

4ℓの焼酎の容器が25本くらいあり、

水をくんでは風呂場とテラスを往復。

ジョウロに移しかえて水やり開始！

イテテテテ

ドプ ドプ ドプ

のりこの つぶやき ①

土を 耕したり
フカフカの土を作ったり
力仕事が 多いなー

第2章

大福ガーデンの
成長期

「宿根草ってなんなのさ」

茂みから出てきたギボウシとクリスマスローズは、「宿根草」というものらしい。

しかし宿根草とはなんなのかがわかっていない私は、

やっちゃんが植えかえてくれたその植物たちが旺盛に育っているのを見て、

「宿根草とはなかなかいい植物だな」くらいにしか考えていなかった。

「枯れたと思ったら 生きていた」

宿根草には冬にも
葉が残るクリスマスローズ
のようなタイプと
（常緑）

ギボウシのように
地上部が枯れる
タイプがあるのか…！

ふむ
ふむ

冬は地上部がまったくなくなるけれど、**土の中で根は生きている**から
宿根草というらしい。宿根草のほかに、冬も葉が残るもの、葉は落ちるけれど
枝が残る植物も含めた呼び方だと「**多年草**」と呼ぶそう。

わ！
見て見て♡

季節ごとに
こんなに
たくさんの
宿根草が
あるよ

うっとり

春夏秋冬　宿根草さえあれば
花ばっかりの すごい庭になるんじゃないの？

＊ターシャ・テューダー みたいに
「大福ガーデン、四季の庭」
なんちゃってさー♥

いつも
楽しそうで
イイネ

＊アメリカの絵本画家、人形作家であり、園芸家（ガーデナー）

「大暴れする宿根草…」

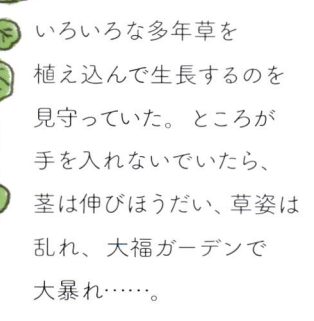

いろいろな多年草を
植え込んで生長するのを
見守っていた。ところが
手を入れないでいたら、
茎は伸びほうだい、草姿は
乱れ、大福ガーデンで
大暴れ……。

なんじゃ
こりゃー

株分け

切り戻し

宿根草って
かわいく
ないね

デカ
すぎるよ

生長途中のどこかの
段階で小さく切り詰めれば
よかったのか…

cut

やっちゃんいわく、
「大自然の中で生きている植物なら
ともかく、小さな庭の中で育てる場合は、
どの植物も野放しではダメなんだね」
このときの経験を教訓にして、
草姿の調整をする
「切り戻し」（88ページ）や、
大きくなった株を小分けにする
「株分け」（90ページ）などの作業を
きちんとするようになるのでした。

季節ごとに大活躍！

大福ガーデンの 宿根草リスト

春は主役級がいっぱい

春 代表

クレマチスさん

バラとの合わせ技は無敵！！

シャクヤクさん

立てばシャクヤク。そう、シャクヤクの美です。

オダマキさん

ひっそりと咲いてますがすごく強健です！

ペンステモン ハスカーレッド さん

緑の庭に銅葉が映えます。

ゲラニウムさん

さわやかなブルーの花にいやされます。

エキナセアさん

ほかの花が休みがちな夏でも元気モリモリ！

ルドベキアさん

ちっちゃいヒマワリみたいな花がたくさん。

夏 代表

暑くても咲いてくれるよ

👑 **サルビアのみなさん**

大福ガーデンでは、あえて短く切り戻さず
巨大化させて秋の主役にしています。

秋
代表

すごく
オサレ!!

👑 **キクのみなさん**

いまはバラエティーに
富んだきれいなキクが
あるのです。

冬の
貴婦人

冬
代表

シングル

ダブル

ブロッチ

👑 **クリスマスローズさん**

花色も花形も咲き形も千差万別。
いろいろ集めたくなります。

ピコティー

ブラック

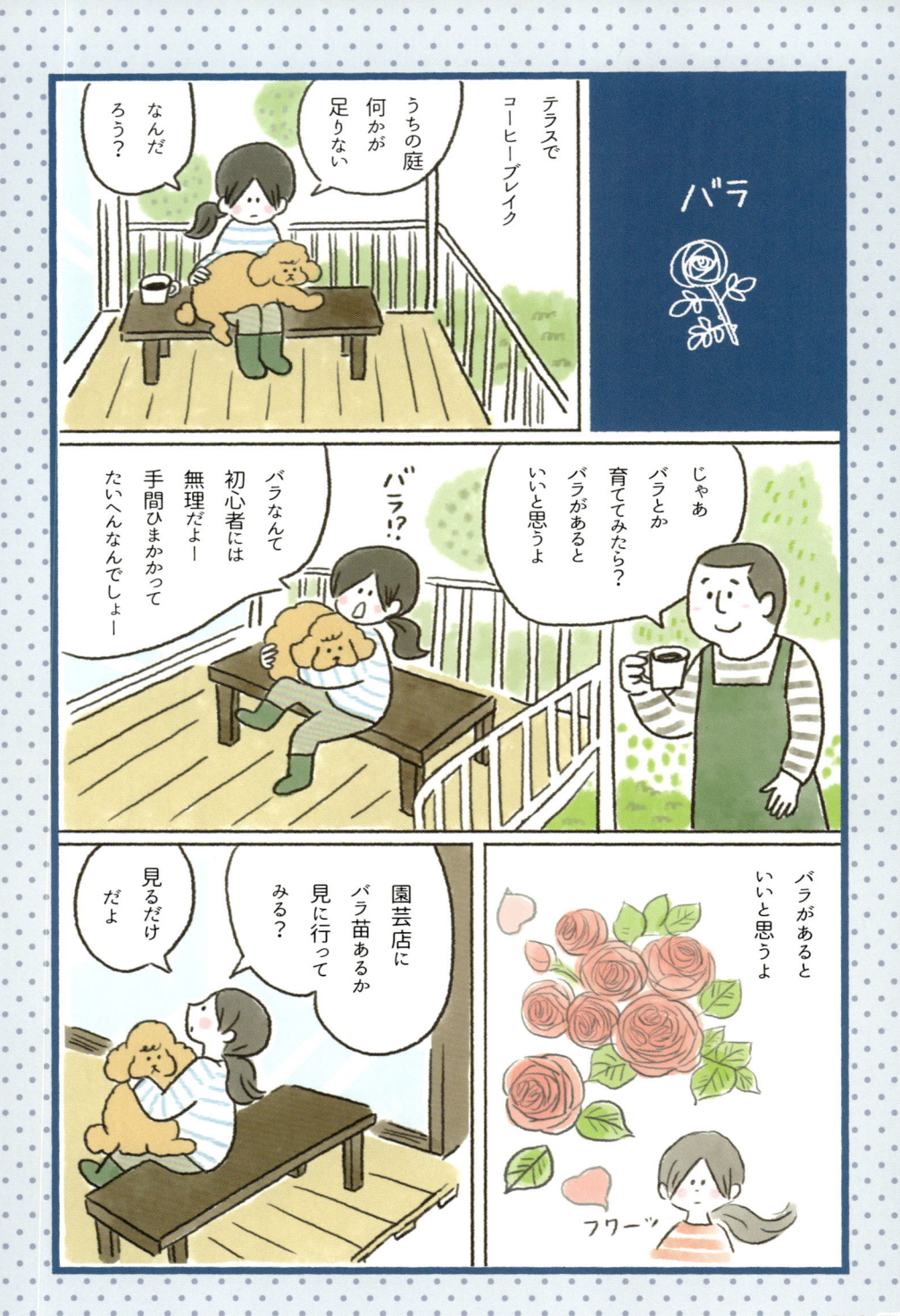

バラ

いつ苗を買うか…って、そこから？

育てる自信も予備知識もない未知の花、バラ。
苗を見に園芸店に行ったときから、
「バラのハテナ」ははじまりました。

家にあった
20年前の
バラの育て方
の本

5月、バラが最盛期の園芸店は、花をたわわに
つけた「開花株」が並び、さながらバラ園のよう。

思いのほかテンションマックス！　になったけど、
苗の値段を見た瞬間に撃沈……。

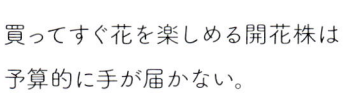

買ってすぐ花を楽しめる開花株は
予算的に手が届かない。
でも秋まで待てば、「大苗」という
値段がお手ごろな苗も出てくるんだって。
花どころか葉すらついていない、枝だけの苗らしいけど、
秋〜冬に大苗を買って育てれば、翌春には花が見られると聞き、
大福ガーデンには大苗を迎え入れることに。

のりこ
point

ほかに、春に出る「新苗」もあるけど、
幼い苗で夏越しとか難しいから
バラ初心者には向かないみたい。

下調べもせずに、まさかのジャケ買い

¥2,980

うひょー!

大苗からバラを育てることに決め、
秋にホームセンターのバラコーナーへ。
たくさんの品種の大苗が並んでおり、
再び興奮状態!

ラベル →

でも、

この枝だけの大苗では、
品種を選ぶにもラベルを
頼るしかないわけで。

ビシッ

このバラ
買います!!

GO GO!

この大苗は
なんで葉っぱと
つぼみがついてるんだろう?

?

※この当時まったく知識がなかったので
　大苗と信じていましたが…
　この苗は開花株の売れ残りでした。

ラベルの写真と品種名と、
たくさん咲きそうな
「房咲き」というワードが魅力的で、
'ヨハン シュトラウス'をセレクト。
まあ、完全なジャケ買いです。
でも品種名からググれば、育て方くらい
簡単にわかるだろうしね。

そしてバラの世界に足を踏み入れる

「ヨハン様」を手に家に戻り、
さっそくインターネットで検索。
しかし、品種ごとの
くわしい育て方までは出てこない。

しかも調べれば調べるほど、
「木立ち性」「房咲き」「四季咲き」
などの見知らぬ言葉が出てきて、
「バラのハテナ」は
どんどん深まっていき……。

下調べもせずに
苗を買ってしまったことを反省し、
一からバラの勉強を
はじめることにしたのでした。

バラに関する本もいろいろ買って熟読。
本を読むようになって、バラには専門家（先生）がたくさんいることも知りました。
まだまだ入り口だけど、
バラって想像以上に奥が深そう……。

バラの種類、ありすぎでしょ

調べて驚いたことのひとつ。
バラって何千という種類があるみたい。
そしてそれぞれに個性がある。
樹形の大まかな分け方だけでも「木立ち性」、
「シュラブ（半つる性）」、「つる性」とあるし、
いつ咲くのかは「一季咲き性」、「四季咲き性」、
「返り咲き性」などと分けられるのです。

ランブラーローズ

木立ち性　シュラブ　つる性
　　　　（半つる性）

庭園などの大きなパーゴラなどで見かける
つるバラは、中でも特に枝の伸びがよくて
大型になる「ランブラーローズ」が
多いんだって。
すてきだけど、コンパクトな
大福ガーデンには向かないね。

パーゴラって
こういう
やつ

ヨハン様は
木立ち性　ハイブリッドティー
フロリバンダ　四季咲き　大輪

そうやって予備知識をもって、
下調べもきちんとしてから、
バラの苗を買うべき
だったのでした。

ヨハン様がランブラーローズじゃなかったのが救い……。

深すぎるバラワールド、まだまだ勉強中！

安易に足を踏み入れてしまったバラの世界。
難しくもたいへんでもあるけれど、やはりバラにしかない
魅力もいっぱい。なので、大福ガーデンのバラは
「まだまだこれから」というところなのです。

毎年5月が
楽しみ！

やることいっぱい

バラは木です。大福ガーデンは木を植えない約束
ですから、すべて鉢植え。
だいたい年に1回は植えかえか、鉢がえ。

基本すべて
8号ロング鉢

虫も出るし

病気にもなる

草花以上にわからないことも失敗もあるけれど、
夢は、大福ガーデンがバラの園になる日！
日々、バラの勉強と栽培に励む私です。

切るところまちがったり

きっと
いつかは…

一輪しか咲かない
株があったり

初心者
ガーデナーの
"あるある"
③

テラスから庭を眺めて
コーヒーを飲むひととき

勢いでトマトを育ててみた

なにはなくとも材料の調達から。
ホームセンターでひととおりそろえて
準備万端！

茎は上のほうに
ヒョロヒョロと頼りなく
伸びていき、ミニトマトは
数えられるくらいしか
ならず
……なんで？

「トマトはわき芽とりが大事」

このチラシ、
モノクロで写真もなく
文字だけなので
イメージしづらく
用語もわからなかった！

わき芽だけ落とせばいいのに
私は落とさなくていい葉まで落として
いたのです… エーン

この失敗以来、
大福ガーデンでは
トマトの栽培はしていないけど、
いつかまたチャレンジして
毎日トマトを収穫したいなー。

「そこそこ収穫できた野菜」

トマトの失敗を踏まえてナスとピーマンは
そこそこ収穫できました。

ヨカッタネ

ただ、8月上旬の更新剪定、根切りをしなかったせいで
秋ナスの収穫はできず。 残念ーっ！

トウガラシは手間いらずで 大福ガーデンの**ド定番**になりました。

水切れだけ注意すれば苦労なく収穫できます。

乾燥させて瓶詰めにしておけば、
きんぴらやパスタ、チリソースに麻婆なす、
なんでも使えて大満足！！

ゴーヤのタネは5月に市役所で
もらえるので、テラス下にまいて
グリーンカーテンにしました。
肥料を忘れなければゴーヤも
特別なにかしなくても収穫できたよ。
ただ、実がなったのが秋だったので
夏バテ予防にゴーヤを食べる計画
には間に合いませんでした。

涼しいね

大っきい！

憧れのハーブのある生活…のはずが

フェンネル

ローズマリー

ラベンダー

タイム

イタリアンパセリ

これでステキなハーブ生活

お料理に使える基本的なハーブを集めてみました。

大福はハーブ好きじゃなーいの

オレガノ

コモンセージ

バジル

毎日フレッシュハーブを摘んでお料理に

ステキング♡

ハーブの寄せ植え

……って　毎日そんなにセージやパセリを使うかって？　そんなわけないでしょ！

あっという間に 巨大化した!!

ぜんぜんステキじゃない…

ギューギュー!

バジルがあぁ…

弱肉強食のハーブワールド。大きくなってほしかったバジルは淘汰され……。

ハーブは相性を考えて植えるべし

ハーブって あんなに デカくなる のかー？

こりゃ 勉強しないと

ハーブもさまざまあって、
調べてみると相性のよしあしもあるみたい。
うまく使い分けるのが、ハーブ達人への第一歩！

NG たとえば

フェンネル　コリアンダー

同じセリ科は
交雑してしまう

ディル

タイム

生長を阻害

ボリジ　ベリー類

チャイブ

豆類

GOOD たとえば

キャベツの
生長を助ける

フェンネル　キャベツ

のりこ point

ヤロウ　ニラ
ラベンダー　チャイブ
ワイルドストロベリー
サントリナ　ミント
カモミール

バラの株元にあると
害虫よけの効果がある

ハーブ畑　Yes!

結果

庭の一角に、ハーブを
育てるコーナーが完成！
日当たりがよくて
乾燥ぎみの土壌なので、
「大福ガーデンの地中海地方」
と呼んで楽しんでいます♪

「葉ものハーブにチャレンジ」

わりとすんなり発芽

本葉が出たころ、庭に植えつけました。

一晩でエゴマを丸坊主にした犯人は
「ヨトウムシ」と判明。昼間は土の中にいて、
夜間にこっそり出てきて悪さをするとは！

無農薬ハーブが食卓に登場！

害虫と野菜は切っても切れない。
花が咲けば飛んでくる。
土がある限り移動してくる。できることなら
食べ物に薬品は使いたくない。

めんどうくさいけど結局
プランターにも畑にもネットを。

そして
ついに収穫期を
迎えました！

「雑草の勢い、ハンパない」

庭に植えた植物の世話をするのが楽しくなってきたころ、それらのすき間に植えてもいない葉っぱが出てきました。細長い葉、丸っこい葉、つる性でグングン伸びていくもの……、雑草たちです。特に春以降の気温が高くて雨も多い時期は、雑草が植えた植物たちをおびやかすほどに生長するのです。抜いてもすぐ生える、でも抜かないとふえてどんどん大きくなるという雑草呪縛……。

大福ガーデンにはびこっていた雑草たち

雑草に負けない植物を植えよう！

はびこる雑草を生えにくくするために、雑草よりも強い植物を植えることにした大福ガーデン。調べていくうちに、「グラウンドカバープランツ」と呼ばれる植物に行き着きました。特に茎が土の上をはう「ほふく性」という性質をもつ植物なら、地面を自然に覆ってくれるし、花が咲くものもあるのです！
これらが広がって、雑草が生えやすいすき間を埋めてくれるというわけ。

大福ガーデンに植えたグラウンドカバープランツ

グレコマ
（カキドオシ）

ヒメイワダレソウ
（リッピア）

ヒメツルソバ
（ポリゴナム）

のりに Point

セレクトしたのは
雑草とまちがえないように
葉に特徴のあるもの
かわいらしい
小花の咲くものです。

「すぐに効果が出たのか？ というと

春

植物が何も植わってない
土がむき出しの雑草ゾーンに
・ヒメツルソバ
・ヒメイワダレソウ
・グレコマ
株間をあけて
植えつけてみたよ。

どうですかねぇ

夏には

驚異の伸び率!!

これでは雑草たちも
根を張るすきもあるまい。

でも
この子たち…
どこに行くのー？

ぐん
ぐん

わ!
すごい ふえてる

すごいな
キミたち!

なかなか思いどおりにならないもんで

PARADISE

おいでーっ、
大福！
キャハハ

グラウンドカバーを育てて
ひとつ夢見ていたこと
それはね…

ヒメツルソバの
ピンク色の花が咲いて
庭一面
ピンクのじゅうたんで
覆われること ♡

花が咲くまで けっこう かかったし

グラウンドカバープランツが
充実して根を張り花を咲かすのに
3年かかりました。
そして楽しみにしていた
ヒメツルソバのピンクのじゅうたんは
太陽を求めて庭の外へ……。

うーん残念

それから　冬

消えた…

夏は旺盛だった
ヒメツルソバ、
ヒメイワダレソウは、いずれも冬には
地上部が枯れるタイプでした。
冬にはまた土がむき出しの寒々しい
大福ガーデンに。
次は冬も葉が残るタイプの
グラウンドカバーを買わないとね。

「広がりすぎもちょっと困る」

雑草とりの回数も激減して大喜びしたのもつかの間、気づくと「大繁殖」に近い状態に。地下茎でふえたり、茎そのものがほふくしたり、着々と大福ガーデンを占拠していきました。

グラウンドカバープランツが広がりすぎてしまったときは、地面でつながっている根を切って株を分けました。スコップなどを地面に突き刺せば、根は簡単に切れます。分けた株は別のところに植えたり、ふえすぎてしまったら処分します。

草むしりに夢中……
立ち上がった
瞬間に！

ゴチーン

小さな庭……よくバラに引き止められる

ちょ待てよー

うっ！

プチ改造① 足場を作る

ズボラ
アイディア！

以前から手入れがしにくかった植え込みの奥。

それを解消するための足場を作ってみました。

と言っても、余っているタイルを敷いただけの簡易足場。

ちょっと小道っぽいでしょ？

これで植え込みにズボズボと入っていかなくてもすむし、

われながらいいアイディア♡

おーい 妖精さーん

鉢をどかして
くださーい

どーも スミマセン

しかし

数カ月後、鉢がふえてしまい、
そのタイルの上が
鉢の置き場と化し……。
「これじゃ足場を作った
意味ないでしょ」と
やっちゃんに突っ込まれた
ポンコツなプチ改造でした。

プチ改造② 高低差をうまく使う

大福ガーデンのバラはすべて鉢植えです。
それが徐々にふえてきたことで、気になりはじめた
鉢の置き場や配置。限られたスペースを
有効活用するには？　それで考えついたのが、高低差を利用すること！

バラ様の置き場が‥‥‥

大福ガーデンの 植物たちの 仕分け

ほふく性のもの（低め）

草花（低め～中間）

常緑の低木（中間）

つるバラ（高め）　宿根草（中間～高め）

そこで資材を投入！

高さの異なるスタンド
低めに咲く花もこれで高さアップ！

大小のオベリスク
つる性のバラやクレマチスを
絡ませれば省スペースに。

3段のタワー型スタンド
小さな鉢も置けて日当たりも
確保できる！

ゲッツ！

これらは、ホームセンターをこまめにパトロールして、
セール品や展示品販売で特価になっている商品をゲットしました！

プチ改造③ つる性植物を活用

大福ガーデンの周囲には、もともと金網のフェンスが設置されていました。
その上に木製の簡易的なフェンスをつけてみたものの、ナチュラル感にはほど遠い。
そこで、つる性植物たちの力を借りようと試みました。

季節ごと、場所ごとに植物を変えて異なる雰囲気に！

ビューティフル！

クレマチス

南側のフェンス

※下のほうに
茂っているのは
アイビーです

アサガオ

スイートピー

のりこ
point

つるを絡ませるときは、フェンスの上のほうを中心に。
下のほうは風通しと日当たりをよくしたいからね！

東側のフェンス

フウセンカズラ

ノブドウ

プチ改造④ 花壇の高さを上げるには

木があって花が咲いている、自然そのもののような景色を作れたら幸せ。
だけど、ここは小さな大福ガーデン、現実的に考えて無理な話。
狭い花壇でもいいから、
そういう景色を
作れないかなー。

かといって、本格的な花壇を作るのに、
レンガを積んで、モルタルで固めて……、
となるとハードルが上がるし、
作業的にも果てしない。

やってみたいけど

んー…

あきらめかけていたところ、ホームセンターで見つけたのが、
「簡単組み立てレイズドベッド」！
工具も使わなくていいし、値段もお手ごろ。
これは使ってみるしかないでしょ！

これだ！

※こういう
ピンで
四隅を
とめるだけ

プチ改造⑤ レイズドベッド活用

勢いで買って帰っては
きたけれど、
しょせんプラスチック製。
植物が植わっていないと、
かなーり
"チャチイ"……。

なじんでる！

と思いきや！

プラ製とはいえ色がブラウンだから、庭に置いてみるとなかなかなじみがよい。
高さも地面からほどよく上がったレイズドベッドになったのです！

Good Job!

手前に球根を植えて、
ふちにしだれる
植物を植えれば、
全然プラスチックが
目立たない！

うまくいきすぎてオチがないと思ったでしょ。
ところがどっこい。やっぱりプラスチック。
2年もすればこのとおり。壊れるのを覚悟で楽しもう。

アハハ

すき間
から芽

重みで
変形

「寄せ植え、習ってみちゃう？」

自己流の寄せ植えのできにげんなりしていたところ、
仕事でおつきあいのある『園芸ガイド』編集部から連絡が。
なんと「初心者が先生に寄せ植えを習う体験企画」の
生徒役になってほしいというお話。
渡りに船とはこのこと、もちろん二つ返事でOK！

撮影日も決まり、編集部から
「先生に聞きたいことを
事前に教えてください」と言われ、
考えてあげたのは
この質問。

何株入れるか、それが問題だ

寄せ植えを教えてくれるのは、土谷ますみ先生。
これまで何千人もの人に寄せ植えを教えてきた、
「寄せ植え界の母」のようなお方。

まずは、私の最大の疑問、
寄せ植えに入れる「苗の数」について。
今回の寄せ植えに使うのは、
5号鉢（直径15cm）。

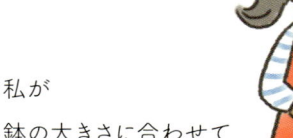

私が
鉢の大きさに合わせて
苗を3ポット選ぶと、
「それでは足りないですね」と、
土谷先生は2ポットも追加。

そんなに入るとは思えないんだけど……。

根鉢の調整、これ寄せ植えの鉄則なり

こんなに入るのかねぇ〜と半信半疑のまま、
植えつけ開始。鉢に鉢底石と土を入れたあと、
先生がポットから苗を抜いて、
何をしたかというと……

まず
軽石と土を
セッティング

真っ白になった根は、
底の部分をハサミで
チョキン。

せんせ…
何をして
おられるので…?

根っこが…

白い根は
切っちゃい
ましょう

チョキン

根が回った根鉢を手でほぐし、
土を少し落としてコンパクトに。

余分な土を落とす

ポットのまま根鉢を手で軽くつぶし、
根鉢を平たい形に。

根鉢をやさしく
キューッとつぶす

ヒューン

ボロ
ボロッ

背の高いパンジーを主役に
こうして こうして

とても入らなそうな
すき間にアリッサムを…

スッゲ
せんせ
スッゲ!

スイ
スイッ

テキ
パキ

なるほど、寄せ植えに入れる苗は、根鉢の形を調整するのか。
庭植えにはない、初めて見たテクニックに感動☆

センスのある寄せ植えを作るには

苗の数の目安はわかったけど、
そもそもどんな植物を選べばいいのやら。
ついつい、好きな花
ばかり選んじゃうし。
と、先生にありのままの
疑問を投げかけて
みると……

うん
うん

選べないん
です…

いいのよー♡

自分の好みや気分で
苗を選んでいいのよ。
好きな花がたくさん咲いたら
楽しいし、寄せ植え作りも
好きになるでしょ？

そーなんだ!!

風合いが
いいっすねー！
これとか
よくない？

すっかり 仲よし♡

先生によると、
「まず鉢を選んで、その雰囲気に
合わせると苗を選びやすい」らしい。
ほかにも、雑誌にのっている寄せ植えの
まねをして作ってみるのもいいんだって。
あとはなにより、数をこなすこと！

プロが作った寄せ植えはさすがだった

教えてもらいながらところどころ手伝いはしたものの、
ほぼほぼ先生が作った寄せ植え。
作ったその日からボリュームいっぱいで、
私のスカスカした寄せ植えとは大違い（当然か）。

あー、1日楽しかった！

11月

シルバーレース

パンジー
フェアリーチュール

エロディウム

スイート
アリッサム

カルーナ

ちゃんとした
寄せ植えだ！

翌年の4月

先生は3カ月
楽しめたらOKって
言ってたけど
半年も楽しめた♡

先生に言われたとおり、土が乾いたらたっぷり水やりをして、花が咲き続けていた
ので肥料も定期的に。晩秋に作った寄せ植えが翌年の春には、さらにモリモリに。

のりこのつぶやき **2**

いろいろ
試してみたけれど
正解が見えて
こないなー

第 3 章

大福ガーデンの
半成熟期

小さな庭では植物もこぢんまりと…?

手がかからないのが気に入り、いろいろと植え込んだ大福ガーデンの宿根草。
愛情たっぷりにお世話をするも、気づけば草丈は私の背を超え、葉は巨大化。
広くはないこの庭ではアンバランスに……。

なんか知らんけど
いつも葉っぱが
巨大化するの…

なんでだろー♪

デーン

理想は…

足元のステップの間からは
タイム、ヒメイワダレソウ、
ビオラ、ワスレナグサなどの
かわいらしい小花が咲き、花壇の
手前を彩るのはクリスマスローズや
リーフの美しいヒューケラ、
すき間から小球根のムスカリ。
鉢バラのまわりにはオルレア、
コレオプシス、デルフィニウム、
ジギタリスでしょ。背景には
つる植物とクレマチス。

どーよ！
これ！

ぜんぜん
違うっ！

大きくなるサルビアを切り戻そう

庭の大きさに合わせて宿根草をコンパクトな姿におさめるべく、「切り戻し」と「株分け」
をすることに。まずは大福ガーデンに植えた宿根性のサルビアの切り戻しから。
サルビアといえば真っ赤な花のイメージだけど、あれは耐寒性が弱い一年草タイプ。
うちのサルビアの花色はパープルやブルーなどの大人色でステキなの!

サルビア（レウカンサ）

のりちゃんFight!

植えつけた年の12月、
人生初の
切り戻しを決行。

よし
切るぞーっ

オーイ!
コラーッ

ダメダメ
もっとがっつり
切ってー!

1/3 ぐらい
切れば
いいかな?

ね!

切り戻し
おっかなビックリ

コンパクトにならなかったばかりか、
よりいっそうモサモサ感が
増してしまいました。

図解
しますと

去年より
量が
ふえてる?

切ったところから
芽が出ます。また
その上のわき芽がニョーンと伸びます。
またその先のわき芽がニョーン、
わき芽がニョーンが倍、倍にふえるわけです。

強い宿根草は大胆に切り詰める

失敗を生かし、翌年は思い切って
切り詰めることに。
「この子は強いから大丈夫」と思いながらも、
やはり地面近くまで切ってしまうのは
不安しかなかったです。

12月。寒さには比較的強いサルビア
なのですが、念のため株元を覆うように
腐葉土をかぶせて防寒しました
（この作業をマルチングというそうです）。

めんどうだけど、やればお得な株分け

宿根草の代表ギボウシ。
葉色も葉模様も株の大きさも
さまざまあるのです。これは
大福ガーデンの一角から
救出した株で（42〜43ページ）、
植えかえ後は元気に育ち
2年ほどたってかなり大きな株に。
そこで「株分け」をしてみよう
ということになりました。

株分け作業は、葉が残っている
10月にやりました。
まずスコップで株（根っこ）全体を
掘り上げます。ギボウシの根は
太くて分かれやすいので、
手でパカッと切り離すようにして
3つに株分けしました。

3つの子株ができてリフレッシュ。
株を掘り上げるのだけは手間だけど、
株数がふやせるから「株分けはお得」！

「 ほかの宿根草も分けてみた 」

① 芽が7~8芽あるか確認…と

フムフム

クリスマスローズもこの時期株分けできるのか…

1.2.3 4.5

掘り上げた

② 芽の分け目をよく見て思い切ってナイフを入れる

ここかな?

のりニ point

下から芽が出てるから、葉っぱもカットしちゃおう

ガッツリ

*クリスマスローズ

根はギボウシよりかたいので、分けるときは少しコツが必要です。芽の位置を確認して根切りナイフでザクッと切るように分けました。

シャクヤクもやってみようか

シャクヤクさん

① 茎は根元から3cm程度で切る

② 1株に3~5芽残して株を分ける

*シャクヤク

掘り上げてみると、ギボウシともクリスマスローズとも違うゴボウのような根っこが！ 本で調べたとおりに茎を3cmくらいまで切り戻してから、芽の位置を確認しつつ、ナイフを使って根を縦に分けるようにしました。

ひとくくりに宿根草といっても育ち方もいろいろ。芽や根はなるべく傷つけないように株分けしないとね。まとめっぽいな

うん

タネまき

小学生のとき以来のタネまき

ずいぶん昔…

安価で苗がたくさんできるから、花をタネから
育ててみようと思ったものの、人生で
タネから育てた経験は、小学生のときのアサガオくらい。

フウセンカズラ
← ハートマークが
かわいい タネ

あ、でも友だちがくれたフウセンカズラのタネを、
春に庭のフェンス沿いにまいたら、簡単に育ってくれて。それからは
フウセンカズラが大福ガーデンの夏の定番になったのでした。
ということは、ほかの花のタネまきもできなくもないかもね！

まきやすい♥

花のタネ いろいろ

ヒマワリ　アサガオ　スイートピー

指でつまめる程度の
大きさでまきやすい
大粒チーム

いけね
こぼしちゃった！
見えねー

ピンセットでも
つまみにくい
小粒や
極細粒チーム

ピタッ

大福
じっとして！

どこかなー

ビオラ　パンジー　ポピー

「タネまきはまきどきが大事！」

花によって咲く時期が違うように、
タネにも「春まき」と「秋まき」があるそう。
だから花が咲く季節から半年とか、ものによっては一年、
さかのぼってタネをまかないといけないわけです。

タネ袋の裏を見ると、必ず「まきどき」や「発芽適温」などが書かれています。
まきどきは住んでいる地域の気候によってずれるので、
よくよく確認することが大事！

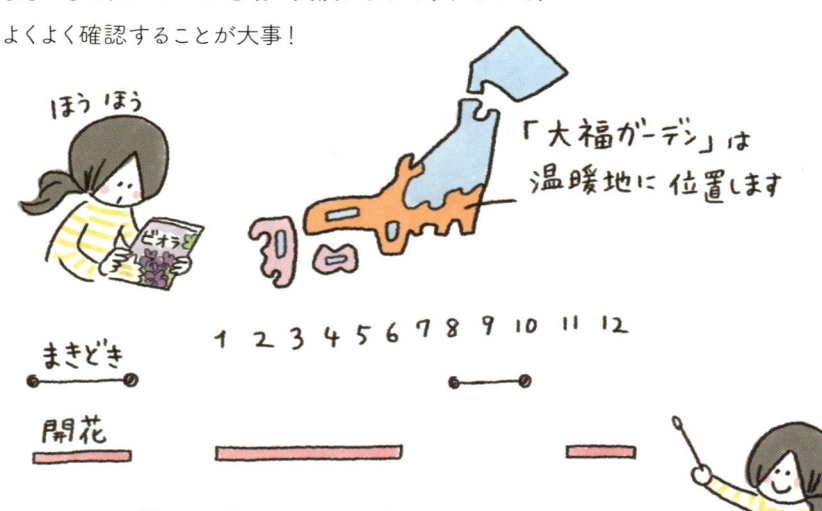

この場合、ざっくりですが、まきどきは8〜10月
秋から翌年の夏まで咲くと、こういうわけです。

まきどきをのがしちゃいかん！…が裏目に

たくさん苗ができても困らない
ということで、ビオラのタネをまくことに。
タネ袋の裏の記載は、「播種期：8〜10月」。
遅れるよりは早めがいいに違いないと、

8月中旬に育苗トレーにタネまき用の土を入れてまいたところ……

そのあとも大福ガーデン地方は猛暑日続き。
なんとせっかく出た芽は、強い日ざしによる水ぎれで全滅するという悲惨な目に。
ホームセンターで売っているような苗に育てるまでの道のりは遠かったのでした。

目ざせ！100粒で100株

失敗をへて、あらためてタネ袋の裏を見てみると、
実は重要なことがさらっと書いてあったりして。

花苗のラベルと
同じくらい重要！

はしょって
読んでたー

オモテ

ウラ

目を皿のようにして
全部 読むこと

写真つきで
わかりやすい♡

それからはタネ袋の熟読はもちろん、
タネを販売している種苗会社のサイトも
チェックして、くわしい情報を入手。

特に

暑い時期のタネまきは要注意！ 風通しがよく、
涼しい場所で管理するのが鉄則なのでした。

タネまきの 不思議 あるある

まくときに手から土に
こぼれ落ちてしまったタネはかってに育って
しっかり根を張り、葉も青々として丈夫な苗に。

大事に過保護ぎみに
　　育てた苗は……

そんなん
あり？

もやし…？

「出たら出たで、間引けない」

何度かタネまきを経験し、
発芽も育苗も少しは
できるようになりました。
その先に思いもよらない
ハードルが…

それは、苗がたくさんできすぎると、
しなくてはいけない

でも間引くことで、少数精鋭のエリート苗が
選抜されるのだ（心を鬼にして）！

間引いたチビ苗ちゃんたちを捨ててしまうのは
忍びないので、結局、大福ガーデンでは花壇の隅や
あいている鉢に植えました。

タネまきからの苗育ては、百発百中を目ざすのではなくて、
「100 粒中、10 株程度のエリート株が育てばいいか」くらいの
気持ちで育てるのがいいかな？

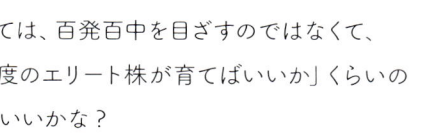

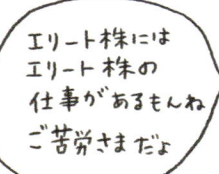

初心者ガーデナーの "あるある" ❺

フェンネルで育つ
キアゲハの幼虫
かわゆす♡

＊キアゲハの幼虫はセリ科の植物を
食草とするのです。

草むしりの楽しみ

おはよ！
カナヘビ
ちゃん

カサカサ

切った茎から根が出る!?

ゼラニウムを切り戻しているときに、
やっちゃんから聞いた「挿し木」という言葉。
切った茎を土にさしておくと、そこから根が出てくるそうな!
「そんなおいしい話があるわけない」と最初は半信半疑。
でもまずは本のとおりに、ゼラニウムの挿し穂作りから。

やってみよーっ!

OK
OK
あわてないで
本のとおり
やれば大丈夫!

1. ことし伸びた充実した枝を採取。
   まだやわらかい部分は挿し穂
   には向かない

2. 挿し穂は同じ長さになるよう
   2〜3節に切り分け、葉は半量にする

おちついて
できたねー♡

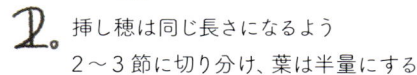

チビ達
がんばれー

3. 切り口をカッターで
   水平に切り戻し日陰で
   2〜3日乾かしてからさす

挿し穂をさす土は、タネまき用の土でも代用できるようなので、それを鉢に入れて、
あとは5〜6本できた挿し穂をプスプスとさしていっただけ。
適期の春〜梅雨ごろか秋にさせば、1カ月ほどで発根するらしいのです。

私って挿し木名人かも

土が乾燥しないように注意しながら、
鉢を明るい日陰で管理して1カ月（挿し穂を抜いて
根が出たか確かめたい気持ちを抑えつつ）。
鉢の底を見てみると、根が出ていることを発見！
初めての挿し木で大成功してしまったのでした。

発芽したら、1本ずつ
鉢上げして育てます。

ゼラニウムの成功体験後は、挿し木ができそうな植物は、
次々と挿し穂を作ってさしてみました。
そのほとんどの植物が根づいてくれて、楽しさ倍増！
植物育てにも自信がついちゃいました。

切ったら
プスッと！

大福ガーデンで
挿し木をした草花

ハーブの
お花畑や〜

春の生長期にはハーブ類も花が咲き
収穫をかねて切り戻します。

ついでにちょっと
さしておくとすぐに
根づきます。

タイム

ローズマリー

セージ

ぼーっとしてると
大繁殖！

だけど

ミント

ミントは要注意！

ラベンダー

オレガノ

管理できないと、庭中ミントになっちゃうよ。
地植えしないほうが無難です！！

【春から初夏（梅雨）ごろまでは】　どんな花も切ったらさす　プスッ

プスッ　切ったらさすをトライしてこれだけの花が成功したよ！

ブルーサルビア　ユリオプスデージー　ブルーデージー　宿根ネメシア　アジサイ

「バラも挿し木でふえちゃうの?」

もしかして
バラもさせる…?

草花の挿し木で自信をつけた私は、
「バラも挿し木をしてふやせば、大福ガーデンをバラの園にできる!」
と思いつきました。バラは花後に剪定をするので、
その剪定して出た枝を使えばよいのです。
5〜6月は挿し木の適期だし、これはうまくいくに違いない♡

手伝う

大福、あっちに
行ってなさい…

バラの
挿し穂が
こんなに用意
できました!

とはいえ、
やはり相手はバラ様。

草花ほどは発根しないのではと思い、
とにかく「数撃ちゃ当たる作戦」に。

Good Job!

これだけの数
さしておけば
どれか根づく
でしょ✦

根づきはしたけど正体不明

バラは、さすがに草花のように
1カ月で発根とはいかず、待つこと数カ月。
それでもさした枝から芽吹いて、
新しい葉が出てきたときの喜びたるや！

根づいた
かなー？

どうかなー？

冬になって 葉が
なくなると ますます
わからない …

枯れてるのかなー…

茶色い枝だけ

キャー！
芽が
出てるっ

ほんとだ！
すごいねー！
で、どのバラが
根づいたの？
名前は…？

チョイ チョイ！

ちょっとやっちゃん
見てよ 見てよ
バラから 芽が出て
きたよーっ!!

しかしこの話にはオチが。
枝を切ったそばからさしていったので、
根づいたバラがどの品種なのかわからない！
バラの葉は品種ごとには
たいした違いがないので……。
このチビ苗が育って
花が咲いてくれないと、
だれなのかはわからないのでした。

それがその―
ラベル 貼るの忘れて
どれが 何のバラだか
咲くまで わからない
のよねー…

害虫対策

バラさん、バラさん
あなたは なんて キレイ なの

「園芸には虫がつきもの」

ん？　ん—！？　ショック—！！

つぼみにガッツリ
穴があいてるー!!

虫は庭に必ずやってくる。

葉っぱを食べ尽くしたり、

芽や葉の汁を吸って枯らしたり。

開花直前のバラのつぼみに何者かに

穴をあけられたときのショックたるや……。

大福の
ため

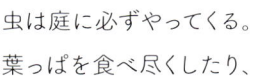

大福ガーデンの害虫対策

でも、虫を退治するための農薬はできるだけ使いたくない。

無農薬で野菜を育てる人の本を参考に、大福ガーデンオリジナル忌避剤

「ウルトラストチュー」を作って週1散布。虫を寄せつけない努力をしたよ。

1 黒酢原液に
トウガラシ
をこまかく刻んで
漬け込む

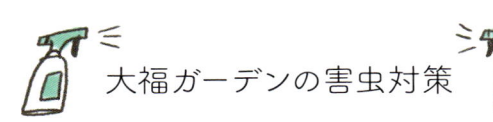

1 **2** をそれぞれ 500 倍希釈したもの（1 水ℓに対して 2㎖）

ニーム
市販のウルトラニーム 500 倍希釈

展着剤を適量

2 すりおろしニンニクの
空容器に焼酎を入れ、
さらに生ニンニク
10 片ほどすりおろして
ティーバッグに入れて
漬け込む

1年くらいは
続けてみたものの

4ℓの
ポリ
ボトル

これが
バラの害虫に
対して 効果が
あったのか…
よく わかりません

バラを害虫から守ろう!

「ストチュー」の散布と、害虫を見つけたらすぐに「テデトール」
（手でとること。大福ガーデンでは薬剤風にこう呼んでいます）を継続。
でもその方法で完全に植物を虫から守りきるのは難しく……。

大福ガーデンから完全に虫をシャットアウトしたいわけではないので、
「これだけはやっつけたい害虫」にターゲットを絞って薬剤に頼ることに。
3月初旬に適用の農薬を散布、食害されがちだったバラの若葉や
つぼみの被害は激減。5月には満開の花を楽しめたのでした。

どうしてもやっつけたい害虫 TOP 3

バラの花をきれいにたくさん咲かせるため、
完全防除を試みた害虫たちです。

クロケシツブチョッキリ
（バラゾウムシ）

3mm くらいの甲虫で、バラの新芽やつぼみに
穴をあけて食害する。せっかくできたつぼみがしおれ、
もちろん花は咲かなくなる（泣）。

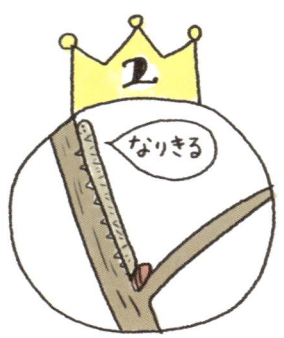

ホソオビアシブトクチバの幼虫
（ヨトウムシ）

バラのつぼみを丸くえぐるように食害する。
老齢幼虫は夜行性で、昼間は土中にひそんでいるので、
夜間に懐中電灯で照らしてチェックする。

カブラヤガの幼虫
（ネキリムシ）

これもがの幼虫で、被害にあうと根を切られたように
見えるのでこう呼ばれる。昼間は土中に潜伏、
夜間に地ぎわの茎をかじったり食い切ったりする。

ヨトウムシはバラ以外にも悪さをします。
食用にしない草花には、粒状の殺虫剤
（オルトラン DX など）を土にまきました。

大福ガーデンでは
何か役に立つ or 何の害もない虫を
益虫として、認定しています。

(特)：特長　　(め)：メモ

♡ テントウムシ　様

(特) 5~8mm ／アブラムシ、ハダニ、
カイガラムシを食べる

(め) ナナホシ、二紋などナミテントウは◎
テントウムシダマシは要注意！！

♡ キイロテントウ　様

菌食系です♥

なんか
カワイイ♥

顔に見える
もよう

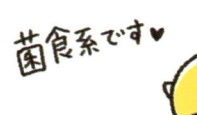

(特) 4~5mm ／うどん粉病を食べる

(め) 主にサルスベリの葉にいます
見つけたら大事に

♡ カマキリ　様

肉食です
うふ♥

(特) アオムシ、バッタ、ゴキブリ、ハエ、カ、
チョウ、アリ、コオロギを食べる。カマキリ
の子供は、アブラムシ、ダニ類をもぐもぐ

(め) カエルやカナヘビも食べちゃう！？ かも …

♡ クモ　様

お役に
立ちます！

(特) なんでもかんでも食べる肉食系

夜、玄関ドアに
ペタッと はりつく
ヤモリを発見♡

カワイイ！

雨をお知らせします

虫じゃ
ないけどね

きゃは

♡ ミツバチ

♡ アマガエル

♡ ヒメハナカメムシ 様

2mm

小さすぎて
見たこと
ないです

㊙ ボディは黒〜茶　羽は透明〜茶褐色
　1日にアザミウマ成虫を10頭も食べる

め 小さすぎて見たことがない

♡ ヒラタアブ 様

ブーン

ときどき見かける
コレはサナギでした

㊙ 9〜11mm ／すごい勢いでアブラム
　シを減らしてくれる。ハエの仲間

♡ クサカゲロウ 様

幻想的…

葉ウラ ←卵

㊙ 30〜40mm ／透明の羽
　アブラムシを食べ尽くす
　ハダニやカイガラムシまで食べる

め 卵を見つけたら見守ろう！

♡ カナヘビ 様

おなかいっぱいお食べ〜！

㊙ 10〜15cm ／いろんな虫を食べる

め 庭で出会うとうれしいやつ

初心者
ガーデナーの
"あるある"
❻

ここは 天国 ですか？

5月の庭

「 ブルーベリーらしき木 」

驚いたことに、大福ガーデンに
ブルーベリーと思われる木が！
果樹の苗は、
買えばそこそこ高いから超ラッキー。
ブルーベリーらしいとわかった瞬間から、
毎日収穫しながら食べるという妄想が
フツフツと……。

そして 調べる…

酸性の土

土が合わなかった
のか…
なるほど

どうやらブルーベリーは
「酸性の土」を好むらしい。
まずは土の酸性度（pH）というのを
測るべきところを、早くブルーベリーを食べたい！あまりに、
土を酸性にすることに集中。株のまわりを軽く掘って、土壌を酸性にする
効果がある「ピートモス」をすき込みました。

これで
バッチリ！

いろいろ
勉強してきただろ
好きに
やっちゃえよー

オーイ！

ちょっと
ラクしすぎ
だよー！

「ブルーベリーらしき木の下には」

なんか ますます元気なくなった？

ピートモスや鹿沼土も足したのに、
元気が出ないどころか、
ますます枯れてきたブルーベリーちゃん。

天地返しするしかないか

うーん

えー、また？

土作りきほん

「この地面に問題があるのかも」という
やっちゃんの提案で、土を深く掘りおこす
「天地返し」に着手！

ブルーベリーのためならえーんやこーら

トリャ!!

んっ！

カキーン

土の下から出てきたのは、
コンクリートのかたまりや建築残土、
廃材などのガラ。この子が育たなかったのは、
コンクリートが土をアルカリ性にして、
さらに水はけも悪くしていたからだろうと想像。
ブルーベリーを収穫する日は、

まだまだ遠そう……。

もうやめちゃえば

ハアーッ

このなんだか
わからない木の
ために……
えーんやこーら

「ブルーベリーについて勉強したこと」

収穫を急いで失敗したので、あらためてブルーベリーについて勉強。
そしてわかったこと。

同じ系統の2品種以上の株を植える
（受粉しやすくなるため実つきがよくなる）

ブルーベリーに適した用土に植える
（土の配合が難しいので、市販の「ブルーベリーの土」に植える）

8号以上の深鉢に植える
（用土が乾きにくいプラスチック製の鉢がよい）

これを踏まえて

まずブルーベリー用に配合された培養土と8号のプラ鉢を購入。
それからブルーベリーを庭から掘り上げ、
用意した土と鉢を使って植え込みました。
系統も品種名もわからない、名なしのブルーベリー。
ひとまず元気になってくれますように！

「名なしちゃんに仲間を」

ブルーベリーには…

寒冷地に向いた 「ハイブッシュ系」
「ノーザンハイブッシュ系」

暖地に向いた 「サザンハイブッシュ系」
「ラビットアイ系」があります。

大福ガーデンの
近所のホームセンターで
比較的手に入りやすいのが
暖地向きの「ラビットアイ」
という系統のもの。

ここで勉強の成果。

『実つきをよくするには 同じ系統の
中から 2品種 以上を隣接させて植える』

ということで… 系統「ラビットアイ」
品種「ウッタード」「ブライトウェル」購入。

新入生たちも、
名なしちゃんと
同様の方法で鉢植えに。
でも名なしちゃんは
系統すらわからないから
実つきは
期待できないよねー（泣）。

3年目、ついに収穫の日が!

名なしちゃんとラビットアイ系を2株、鉢に植えつけて初めての夏。

春に白い（地味〜な）花が咲いたので、「いけるかも」と思っていたら……。

なんと人工授粉もなしで、そこそこ実がなった——!

発見から足かけ3年、

長かった……けど、努力したかいがあった（涙）。

でもそこで満足しないワタクシ、のりこ。

株も大きくなったし、収穫した年の11月ごろ、3株をそれぞれ9〜10号鉢に

鉢増しをしました。 すると、 その翌年の夏には収穫量が倍以上に!

花が咲く（地味だけど）、

実はおいしい、紅葉も見られる、

初心者さんにも

ブルーベリーはおすすめですよ。

「ワタシ的には満たされている庭」

大福ガーデンを作りはじめてから、3年がたちました。
失敗や挫折はあったものの、ようやく「庭」と呼べるような
形になってきたし、季節ごとに花は咲いてくれるし、
私としてはまあまあ満足。

 バラは20鉢以上。
そのまわりには
こぼれダネでふえた
花たちや、植えっぱなしの
小球根が咲き乱れます。

夏 目の覚めるようなピンクの
サルスベリの花と
アサガオ、ノブドウ、
フウセンカズラなどつる植物たち。
暑さが得意な宿根草のエキナセア、
ルドベキア、サルビアも頑張ります。

秋 セージ（サルビア）たちが主役。ブルーやパープル、ピンクの
花穂が風に揺れ、足元では小菊たちが可憐に競演します。

冬 早咲きのクリスマスローズと
寄せ植えのビオラ、パンジー。
足元には宿根したネメシアが
冬中ひっそり咲いてます。

「 庭を客観的に見てみる 」

2階のベランダから庭を眺めるのは日常的なこと。
でもあるとき、「ああしたほうがいいな」
「こうしたらどうかな」などと、

するべきことが

見えた瞬間が。

あのあたり
整理しようか

あそこが
通りづらいんだ
よねー

ツツジは
あのままで
いいと思う?

バラの配置が
よくないね

やっちゃんに言われた「見直し」の必要性がわかってきたのです。
庭に「完成」はないんだねー。

夜は夜で、
フェンスの外から庭を眺めて、
庭の中に設置した
照明の位置や量などを確認。

南側にも
明かりがほしいね

ソーラーライトの
位置、どうかな?

庭の中の環境もまちまちだった

一歩引いたところから庭を観察して気づいたこと、
それは同じ南向きの大福ガーデンの中でも、
日照に違いがあること。
季節ごとの日当たりの違いもあるし、
風の通り道だと日が当たっていても
気温が上がりにくかったり。

夏　鉢の側面に直射日光が
　　当たりすぎると、鉢の中の
　　温度が上がって根が傷む……。

あっちぃ！

冬　北風が直撃して霜がおりる
　　場所では、耐寒性が強い
　　植物に頑張ってもらわないと。

ここは
ブリザード
直撃だ

キャーッ

狭いながらも環境に違いがあった
大福ガーデンには、
移動がすぐにできる鉢植えが
適しているという結論に。
まあ、植えかえ作業は
少しめんどうだけどね。

「 それでも妄想は続いていく 」

現実的にやっていきたいことはこまごまとあるけれど、
それはひとまず置いておいて、
妄想ガーデンを思い浮かべるのも庭作りの楽しさのひとつ。
いつか大福といっしょに駆け回れるような
大きな庭を作れる日が来るかもしれないしね！

ほら大福 見てごらん

バラの連続アーチはロザリアン
（バラ好きのガーデナーのこと）
の憧れ。

うきょー

余裕があればバラももう少しふやしたい。
いつか満開のバラに囲まれてみたいよー。

スパイシーで
フルーティな香り…

ベンチつきのゴージャスなアーチでお茶タイム。
もちろんお友だちをご招待しますわ。

そして大福が思う存分、
走り回れるくらいに広い庭。
芝生の庭もすてきよね！

大福ガーデンの
グッズたち

まずはじめに、本を制作するにあたりご尽力いただきました
『園芸ガイド』の松本さん、デザイナーの丸山さん、
庭作りには欠かせない存在の相方のやっちゃん、大福に心より感謝申し上げます。

この本は、庭作りをはじめたころの初期のエピソードを中心に描いています。
3年以上前のでき事も多く、日誌や写真を見返して思い出しながら
懐かしいような恥ずかしいような、そんな日々を愛おしい気持ちで描きました。

バラを育てるようになったころからは、さらなる知識が必要になり、
真夏の管理、台風、大雪、施肥、病気、害虫、特に冬の庭仕事が
いちばんの重労働で、私もう無理……と思いながらも、輝ける5月を迎えると、
「やっててよかった!」とじんわり感動します。

「大福ガーデン」のモットーは、「お金をかけなくてもアイディアでコツコツと、
自然に近い庭作り」です。 毎年庭の形が変わっていくサグラダファミリアのような
終わりのない庭作りをずっと楽しんでいけたらいいな。

ほんとに、冗談じゃなく「ズボラでどんくさい」私でも草花を育てられたので……。
みなさんも園芸店でお気に入りの花を見つけて、
ひとつ育ててみてはいかがですか?

あらいのりこ

著者 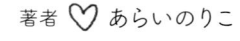 あらいのりこ

セツ・モードセミナー卒業。2005年からフリーランスのイラストレーターに。著書は、『ボールペンでちょこっとイラスト帖』『ボールペンでちょこっと手帳イラスト』『ワンコのこころまるわかり! 犬と笑う生活』(永岡書店)、『気持ちを伝える ゆるぽけかわいいイラスト帖』(エムディエヌコーポレーション)など。
あらいのりこイラスト工房　http://arainoriko.com

スタッフ　表紙・本文デザイン：丸山佐知子
　　　　　協力：土谷ますみ
　　　　　編集担当：松本享子
　　　　　編集デスク：平井麻理（主婦の友社）

園芸はじめました

2019年4月20日　第1刷発行

著者　　あらいのりこ
発行者　矢﨑謙三
発行所　株式会社 主婦の友社
　　　　〒 101-8911
　　　　東京都千代田区神田駿河台 2-9
　　　　電話（編集）03-5280-7537
　　　　　　　（販売）03-5280-7551
印刷所　大日本印刷株式会社

©Noriko Arai 2019 Printed in Japan
ISBN978-4-07-437122-8

- ■ 本書の内容に関するお問い合わせ、また、印刷・製本など製造上の不良がございましたら、主婦の友社（電話 03-5280-7537）にご連絡ください。
- ● 主婦の友社が発行する書籍・ムックのご注文は、お近くの書店か主婦の友社コールセンター（電話 0120-916-892）まで。
- ＊ お問い合わせ受付時間　月〜金（祝日を除く）9:30 〜 17:30
- ● 主婦の友社ホームページ　http://www.shufunotomo.co.jp/